मन के मोती

अनुभवों की धारा

Karuna Varshney

Made with ❤ on the BookLeaf Publishing Platform

www.bookleafpub.in

www.bookleafpub.com

Dedication

**"To everyone around me—
your thoughts, words, and
presence have shaped my
journey,
inspiring me to weave my
experiences into verse."**

Preface

This book is a reflection of my journey through life—as an educator, a friend, a wife, a mother, a citizen, and more. Each poem captures a moment, a thought, or an emotion drawn from these roles and experiences.

Though the themes may vary, they all speak from the heart and tell stories of everyday life. I hope these verses resonate with your own moments and bring a sense of connection. Thank you for being part of this journey.

Acknowledgements

With heartfelt gratitude, I thank my parents - Mrs Achla Gupta and Mr Bal Krishan Gupta, my husband, Mr Deepanshu Varshney, and my caring Family for their constant support. My sincere gratitude goes to my principal Mrs Heemal Handoo Bhat who encouraged me to pen down my thoughts. I also thank my colleagues and friends for their motivation, my students for their love and the lessons they brought, and my mentors for their guiding light throughout this journey.

1. ॐ इग्नोरायै नम

जपो- जपो भई जपो -जपो,
"ॐ इग्नोरायै नमः" का जाप जपो।
और दूर रहो भई दूर रहो,
मतलबी लोगों से दूर रहो।
जो करे इधर- उधर की बकवास,
उसे मत लाओ दिल के पास।
जो बोले मीठी-मीठी बात,
और पीठ पीछे करे घात,
तब दिल पर अपने मत लेना तुम,
और न करना अपनी तबियत ख़राब,
एक मूल मंत्र तब करना याद,
"ॐ इग्नोरायै नमः" का करना जाप।
और तब..
शांत रहो सिर्फ़ शांत रहो,
Ignore करो और शांत रहो।
जपो- जपो भई जपो - जपो,
"ॐ इग्नोरायै नमः" का जाप जपो।
और दूर रहो भई दूर रहो,
मतलबी लोगों से दूर रहो।
जो झूठ बोले और बात पलटे,

आँसू बहाकर sympathy लूटे,
अपनी ग़लती जो ना माने,
दोस्ती का मोल भी ना जाने।
और तब ...
ध्यान न दो ध्यान न दो,
Ignore करो और ध्यान न दो।
जपो - जपो भई जपो - जपो,
"ॐ इग्नोरायै नमः" का जाप जपो।
और दूर रहो भई दूर रहो,
मतलबी लोगों से दूर रहो।
ख़ुश रहने का, स्वस्थ रहने का,
जीवन में आगे बढ़ते रहने का,
सफलता पाने का, समृद्धि पाने का,
सबका है बस एक मूल मंत्र
जपो - जपो भई जपो -जपो,
"ॐ इग्नोरायै नमः" का जाप जपो ।

2. दास्तान-ए- Answer Sheet

गई सफ़ेद रंग में ख़ुद को लपेटे,
फ़िर से पढ़ें - लिखों के बीच,
सोचा था भरपूर मिलेगी,
आज तो ज्ञान की रीत ।
न काले- गोरे का भेद किया,
न ही किया, लिंग में भेद।
Evaluator भी थे साथ में खड़े ,
लाल छड़ी लिए हाथ में डटे ।
सबने अपने ढंग से ज्ञान दिया,
मैंने भी उनका मान लिया ।
कुछ ने गानों की झड़ी लगाई,
कुछ को ऊपर वाले की याद सताई।
लाल - लाल मुझको करवा डाला,
जबकि पूरी थी मैं सफ़ेद।
न सोचा क्या बीतेगा मुझ पर,
जब काँटों से दिया मुझे भेद।
कुछ ने तो हद ही कर डाली,
मुझे छोड़ दिया यूँ ही खाली।
मन ही मन ख़ुद को कोस रही,
क्यों इनके हाथों में आन पड़ी ?

लेकिन...
कुछ थे थोड़े समझदार
न किया मुझे जिन्होंने दाग़दार।
बुद्धिमता से जब हुआ साक्षात्कार,
प्रशंसा का भी बनी तब दावेदार ।
कितनी बार हुआ मेरा evaluation,
और न समझी किसी ने मेरी situation
हर साल की यही कहानी है,
मुझको भी अब इज़्ज़त कमानी है।
अरे! इतनी लंबी अपनी व्यथा सुनाई,
फ़िर भी अपनी पहचान ना बताई।
Answer sheet है मेरा नाम,
Exam Time में आती हूँ काम।

3. अनाथ

तिनका - तिनका चुनकर, यह आशियाँ था बनाया,
क्यों ! दूसरों ने इस पर अपना हक है जमाया ।
मां - बाप का लाडला था और इसके आंगन में खेला करता था ,
माँ - बाप का इकलौता था और दादी का प्यारा पोता था ।
क्यों ! दूसरों ने मेरे इस आशियाँ को था उजाड़ा ,
हमने... किसी का जबकि, कुछ ना था बिगाड़ा।
क्यों! अनाथ कह मुझ पर कहर बरसाया,
क्यों ! नहीं है मुझ पर किसी की छत्रछाया ।
क्या, मेरा सिर्फ़ इतना - सा था गुनाह ,
कि ईमानदार परिवार में मिली थी पनाह ।
अब दर - दर की ठोकर है खानी पड़ी ,
लगे मानो ऐसा, मौत सामने है खड़ी ।
क्यों ! नाली का कीड़ा कह मुझ पर कहर बरसाया ,
क्यों ! नहीं है मुझ पर किसी की छत्रछाया ।
ठंड से ठिठुरकर अब फुटपाथ पर है सोना पड़ा ,
एक रोटी के लिए भी अब कुत्तों से है झगड़ना पड़ा ।
मुझको अनाथ बनाने वाला,
खुशी के लिए तरसाने वाला ।
वह भी खुशी के लिए तरसेगा,
अपने कर्मों को स्वयं भुगतेगा।।

दुआ करता हूं,
यह दिन किसी को देखने ना मिले।
और मिले तो मौत के पहले, गले जा मिले ।।

4. Electroplating Saga: जब Iron हुआ खास

चुपचाप बैठा iron, था बहुत उदास ,
Rusting के कारण, खो चुका था विश्वास ।
खोखला हो रहा ,
ख़ास ना अब रहा ।
जो पहले मज़बूत था रहा,
अब कमज़ोर लग रहा।
Copper ने पकड़ उसका हाथ,
बोला चल मेरे साथ ।
तुझको नया कर, चमक तुझमें भर दूं,
Electroplating के सहारे, नया जोश भर दूं।
Copper ने फिर एक फ़ोन घुमाया,
दोस्तों को अपने फटाफट बुलाया।
Battery साथ अपने connecting wire ले आया,
Copper Sulphate भी solution बन कर आया।
Battery ने बोला, दो terminal मेरे पास,
Positive और negative में से कौन लगे तुझे ख़ास।
Iron था बड़ा ही उदास, तो चुना negative का साथ,
Copper ने दोस्त की खातिर, तब positive Ka थामा हाथ।
दोनों ने मिलकर फ़िर, डुबकी Copper Sulphate solution में

लगाई,
BATTERY ने फिर, अपनी सारी power दिखाई।
थोड़ी ही देर में,
Iron पर copper की layer चढ़ी थी।
अब उसकी strength थोड़ी बढ़ी थी,
Electroplating ने दोस्ती मजबूत कर दी।
Copper दोस्ती की coating Iron पर कर दी।।

5. मकान बदले, लोग भी बदले

मैं हूँ एक बिल्डर की बेटी,
उम्र हमारे घर बदलने में बीती ।
हवा के रुख़ के समान,
हमने बदले कई मकान ।
मकान के साथ लोगों के चेहरे भी बदले,
और हमारे लिए, खड़े हो जाते कई झमेले ।
चेहरे का मतलब रंग रूप नहीं,
स्वभाव ही है चेहरे की परिभाषा सही।
किसी ने पहना था झूठ का चोला,
तो किसी ने हमेशा था सच ही बोला ।
कई चेहरों में थे कुछ ऐसे चेहरे,
जो दिखाते थे हमें नए सवेरे।
सुख-दुख में थे यह साथ मिले,
इनसे हमें ना थे कोई गिले।
हर मोड़ पर उनकी यादें मिले,
और थे लोग देख इन्हें जले।
जैसे ही साथ इन लोगों का छूटा,
दिल हमारा हजारों टुकड़ों में था टूटा।
पर कुछ चेहरे थे भेड़िए जैसे,
सोचते दूर रहे हम इनसे कैसे ?

धूप -छाँव की तरह जो बदले,
ऐसे लोगों से भी हम मिले ।
बनावटी रूप दिखाकर वो,
छाने सिर्फ़ हमारी जेबों को ।
भावना, सच, साथ और मस्ती,
ऐसे लोगों में बिल्कुल न थी बस्ती ।
आगे बढ़े हम नई मंजिल की ओर,
मतलब
हमने एक मकान और दिया था छोड़ ।
अब ऐसे लोगों के थे हम बीच,
जिनमें सच्चाई नाम की न थी चीज़ ।
बात - बात पर वे झूठ बोल,
लेते बस हमसे लड़ाई मोल ।
लड़ाकू विमान से कम वो ना निकले,
सत्संगी बन, पहने धोखाधड़ी के चोले ।
यह लोग थे सिर्फ गरजने वाले,
और प्यार की भाषा यह नहीं जाने।
जैसे साथ इन लोगों का छोटा
लगा हमने घड़ा खुशियों का लूटा।
दिल जिसका हो साफ़,
सच का पहना हो ताज,
दिल में छुपा ना हो राज़,
ऐसा ही
चेहरा खोजूँ मैं आज ।

6. टीचर vs. डर – कहानी का नया असर

आओ ! आज मैं एक किस्सा सुनाऊँ,
जिसको ना मैं कभी भूल पाऊँ।
एक बार की बात है,
दिल में बसी ये याद है।
गई class के अंदर जैसे,
बच्चे डर से काँपे वैसे।
सोचा मैंने हुआ क्या इनको,
भूत मान लिया क्या मुझको।
मैंने बाल किए फ़िर पीछे,
आँखों को किया फ़िर नीचे ।
आवाज़ में थोड़ा प्यार मिलाया,
उनके डर का फ़िर पता लगाया।
एक लड़की थी भोली- भाली,
कानों में पहनी थी बाली,
आँखें उसकी थी काली,
गालों पर लगी थी लाली।
जैसे गई मैं उसके पास,
अटक गई फ़िर उसकी साँस।
उसको मैंने फ़िर शांत कराया,

बालों पर उसके हाथ घुमाया,
ना मैं कोई भूत और ना ही साया,
फ़िर क्यों था सिर्फ़ सन्नाटा ही छाया।
हिम्मत कर फ़िर वह बोली,
राज़ की बात फ़िर उसने खोली।
भाई मेरा पढ़ा आपसे,
बहुत साल हो गए आज से,
डरता था वो भी आपसे,
लड़ता था कक्षा में सबसे ।
एक दिन कुछ ऐसा कर आया,
मिला था lecture उसे आपसे,
माँ से मिल ना जाए उसे कोई फटकार,
तो आपकी सख़्ती का उसने किया प्रचार।
मैंने वही कहानी आज सबको सुनाई,
class में इसलिए आज ख़ामोशी है छाई।
पर जैसे आपने हाथ बालों पर फेरा,
नहीं रहा अब कोई डर का घेरा।
आपके चेहरे पर तो अलग चमक है,
आपकी शख़्सियत तो बेहद अलग है।
अब समझी मैं भाई की ग़लती,
अनुशासन की थी उसमें ही कमी।
सुन कर मुझको ये सब हँसी आ गई,
Class भी normal mode में आ गई।
सबको मैंने फ़िर यही समझाया,
अनुशासन का सही मोल बताया।
डर नहीं, सम्मान हो मन में,

ज्ञान का दीप जले जीवन में।

7. Ego Vs. प्यार = Court

आज गई मैं date पर,
थोड़ा ख़ुद को update कर।
पकड़ा उसका हाथ,
कहा चल मेरे साथ ।
ना छोड़ूं तेरा हाथ,
मैं खड़ी तेरे साथ ।
रुको -रुको,
ज़्यादा ना सोचो,
ये Love Story की बात नहीं ,
Court से मिली ये date रही।
किसी अपने का देने साथ,
गई court उसके साथ।
लंबी थी कतार लगी,
चिल्लम चिल्ला थी मची ।
Courtroom में तमाशा था हो रहा,
छोटी - सी बात पर divorce था हो रहा।
Confuse हुई देख,ये क्या हो रहा,
क्यों ? लोगों के बीच, ये तनाव था बढ़ा।
आजकल का ये trending issue बन चुका है,
divorce अब divorce नहीं, बस fashion बन चुका है।

कुछ लोग थे सच में सताए हुए,
मार-पीट कर घर से भगाए हुए।
इंसाफ़ के लिए लंबा इंतज़ार करते हुए,
बच्चों के साथ रोते और बिलखते हुए।
लेकिन ...
कुछ लोगों के बीच था सिर्फ़ ego issue,
और चाहिए उन्हें था सिर्फ़ partner new,
सोचा नहीं इतना भी,
बच्चों की क्या है इसमें ग़लती?
बस पड़ी अपने स्वार्थ की,
बच्चों की कमी उन्हें न ख़लती।रिश्तों को बस यूँ तोड़ दिया,
अपनों से मुँह यूँ मोड़ लिया।
कहीं आँसू थे बिल्कुल सच्चे,
कहीं थे ये सिर्फ़ दिखावे के ।
हर तकरार सुलझाई जा सकती है,
समझदारी से भी निभाई जा सकती है।
समझना होगा रिश्तों का अब असली मोल,
प्यार और भरोसे को देना होगा पहला रोल।
जो दिलों को जोड़े, वही बंधन है सच्चा,
प्यार और सम्मान से ही रिश्ता हो अच्छा।

8. गृहिणी- एक कलाकार

सूरज की रोशनी में ,
अपने पूरे ज़ोश में,
झाड़ू लेकर हाथ में ,
पोंछा भी साथ में,
Mission पर निकली फ़िर अपने,
भूल कर पीछे अपने सारे सपने ।
एक पल थी मैं kitchen संभाले,
दूसरे पल साफ़ कर रही थी जाले।
Housewife से homemaker हो गया,
क्या लगा आपको ?
नामकरण से रोल है मेरा बदल गया।
सिर्फ़ नाम ही मेरा बदला है,
सोच सबकी आज भी पुरानी है ।
अंत में सुनने को वही है मिलता,
तुम्हें घर में सिर्फ़ आराम है मिलता ।
न कुछ तुमको कमाना - धमाना,
न चिक- चिक को भी सुनना,
न घर को चलाने की तुमको परवाह,
बच्चों को लेकर भी तुम हो लापरवाह।
कब और क्या इनको मैं समझाऊँ?

करो जो मेरा काम, तब तुमको मैं बतलाऊँ।
बिना रुके हरदम हम काम करें,
FEVER की भी हम फ़िक्र न करें।
सबके खाने का हम ध्यान रखें,
काम के आगे वक़्त हम ना देखें।नहीं कमाते माना, बाहर जाकर हम पैसे,
लेकिन हम काम करें Working woman जैसे।
इसलिए..
न समझो हमको सिर्फ़ घर की नौकरानी,
हैं हम गृहिणी और साथ में घर की रानी।
इसलिए मत आंकना हमें कमतर कभी,
हमसे ही रोशन है इस दुनिया में सभी।
हर भूमिका में हैं हम सशक्त और महान,
सम्मान दो हमें, न सिर्फ़ नाम का सम्मान!

९. यादों की पाठशाला

यादों के साथ जायेंगे यहाँ से,
बहुत -सी खुशियों को भी समेटे।
याद तो करेंगे हर लम्हा,
जो हमने बिताया यहाँ।
चाहे वो हो,
Teachers से मिली फटकार,
या उनसे मिला ढेर सारा प्यार।
हर पल, हर घंटा,
हर दिन, हर महीना,
हर गर्मी, हर बरसात,
और...
इतने सालों का हाल,
कैसे भूल पाएंगे,
यहाँ से जाने के बाद।
खेल -कूद, म्यूजिक, योगा,
इनसे दूर हमने भागा।
Library में जाकर हो जाते शांत,
Madam को देख चबाते अपने दांत।
Yoga वाली ma'am को

हम कैसे भूल पाएंगे,
ध्यान में सिर्फ़ उनको ही पाएंगे।
कमर पतली, चेहरे पर रौनक,
इनका देकर लालच,
हमसे योगा करवाया।
याद करेंगे हम हर वो गीत,
मज़बूरी में जो लिए थे सीख।
Drum बजने पर हाथ - पाँव हिलाना,
दूसरी बीट पर नीचे झुक जाना।
सुनकर कमांड 'दुबारा' से की,
सोचें क्या की अब हमने ग़लती।
स्कूल ने Self Defence सिखाया,
हम सबमें Confidence जगाया।
याद तो करेंगे हम,
Canteen के समोसों को,
बड़ी - सी line को,
राधेश्याम uncle को,
लंच की bell को,
और, prayer time को,
स्कूल से की गई सैर को,
और night camp को,
हर एक function को,
और competitions को,
Exam days को,
मस्ती भरे पलों को,
अपनी हड़बड़ाहट को,
Mic की गड़गड़ाहट को,

हमने सीखीं कई अनमोल बातें,
रंजिश, स्वार्थ से दिल नहीं जीते जाते।
इसलिए ...
हम पाएंगे ये कभी न भूल,
स्कूल हमारा super कूल।
यादों के साथ जायेंगे यहाँ से,
बहुत - सी खुशियों को भी समेटे।

10. Success ज़ायका

सीखते हैं आज नई dish
जिससे पूरी होगी आपकी wish
मेहनत, धैर्य, समय प्रबंधन,
आत्मविश्वास और नियमित अध्ययन,
ये हैं इस recipe के key ingredient
साथ में होना होगा तुम्हें obedient
अब करते हैं start procedure
होगा नर्चर तुम्हारा future
कढ़ाई में डालो मेहनत का तेल,
साथ रखो धैर्य, जिसका न कोई मेल।
ज्ञान के मसाले छिड़क लो खूब,
हर सवाल को समझो अनुकूल।
नियमित अध्ययन magic ingredient,
समय प्रबंधन बनाए इसे convenient,
Short cut का नहीं इसमें काम,
धैर्य से ही होगा सारा काम,
आत्मविश्वास का है ये पूरा खेल,
Recipe फ़िर कभी न होगी फेल।
पर्याप्त नींद से करो फ़िर garnish
नहीं होगी image फ़िर tarnish

अब इस रेसिपी को कर लो save
Exam Time में बनोगे फ़िर brave
हर concept को समझो गहराई से,
सपनों को सजाओ सच्चाई से।
Practice से आएगा skill में निखार,
और हर चुनौती को फ़िर करोगे पार।
सही मेहनत और पूरा dedication,
Success से मिलेगा फ़िर satisfaction
मेहनत की है ये पूरी कहानी
जिससे बनेगी ज़िंदगी सुहानी।

11. बदबू से बदलाव तक

मेरे पीछे पड़ा है,
मेरे पीछे पड़ा है,
ये कूड़ा ये कूड़ा ,
मेरे पीछे पड़ा है,
जहाँ भी मैं जाती ,
इसे ही मैं पाती।
ये कूड़ा ये कूड़ा ,
मेरे पीछे पड़ा है,
घर से जो मैं निकली ,
न नियत इसकी बदली ,
जितनी भी दूर जाऊँ ,
बस इसे ही मैं पाऊँ,
बदबू से जान ले ली,
मच्छरों की भर्ती कर ली,
ये कूड़ा ये कूड़ा,
मेरे पीछे पड़ा है,
नहीं बनी मैं कायर,
FIR भी की दायर
फ़िर...

डेंगू मलेरिया की दी धमकी,
मैंने आँखें फिर नम की,
उसका दिल थोड़ा पिघला,
सच का राज़ उसने उगला,
तुमने ही था रिश्ता जोड़ा,
जब मैं हो गया था बुढ़ा,
घर के बाहर लाकर छोड़ा,
और मुझसे था फिर मुँह मोड़ा,
कूड़ेदान ही था मेरा सही स्थान,
सड़क और पार्क नहीं मेरी पहचान,
इधर - उधर की,मैंने ठोकर खाई,
पर हिम्मत मैंने नहीं गवाई।
सच को अब तुम पहचानो,
अपनी ग़लती को भी जानो,
ये बदबू और बीमारी...
सिर्फ़ तुम्हारी लापरवाही,
सुन कर ये पूरी सच्चाई,
जाना सफाई में है भलाई।
अब मैंने भी कदम बढ़ाया,
स्वच्छता का दीप जलाया।
गली-गली में संदेश दिया,
हर कोने को स्वच्छ किया।
सबको मैंने साथ बुलाया,
कूड़े को सही स्थान दिलाया।
अब न बदबू न बीमारी,
स्वच्छता हमारी ज़िम्मेदारी।
ये कूड़ा, जो मेरे पीछे पड़ा था,

अब जिम्मेदारी बनकर खड़ा था।

12. चिंतामणि

हमारे घर में हैं चिंतामणि,
Tension लेते हैं वो घणी ।
दिन हो या रात,
या बे मौसम बरसात,
सताए उन्हें चिंता,
बिना किसी बात ।
Eyebrow चढ़ा कर,
मुँह थोड़ा टेढ़ा कर,
कहें बार - बार
"क्या की मैंने ग़लती?
दुनिया Tension से चलती।"
हमने उन्हें समझाया,
Heart attack का डर दिखाया,
चिंता से BP भी बढ़ेगा,
शुगर से शरीर सड़ेगा ।और फ़िर....
चीड़ - फाड़ करनी पड़ेगी,
खटिया भी पकड़नी पड़ेगी ।
लेकिन हर बार की तरह,
जी हाँ! हर बार की तरह,
सब जतन हुए फेल,

सुझाव उन्हें लगा खेल,
गुस्से का न कोई मेल,
हमारी ही बना दी रेल ।
फ़िर क्या था...
हमने कुछ नया किया,
नज़रिया अपना बदल लिया।
Problems सांझा करना बंद किया,
मुस्कान के साथ जीना सीख लिया।
हमारी हँसी में जब चमक दिखी,
उनकी सोच में तब्दीली दिखी।
धीरे-धीरे वो भी मुस्काए,
Tension की रेखा को मिटाए।
अब घर में चिंता कम है,
हँसी की बहार है,
चिंतामणि भी अब,
थोड़ा खुशगवार है!

13. XX बेमिसाल

हर साल कितने आते हैं,कितने ही चले जाते हैं,
हर बार नए चेहरे, हमें कुछ सिखा जाते हैं ।
इस साल भी कुछ ऐसा हुआ,
बीच session में 'XX'' से सामना हुआ ।
इस class का नाम सुना था,
सबने मुझको warn किया था।
Course करवाओ,
गुस्सा दिखाओ ।
उन पर थोड़ा ,
रौब जमाओ ।
Energy अपनी मत गँवाना,
थोड़ी उनसे दूरी भी बनाना।
भूख इन्हें सताती हर पल,
शायद हाँ शायद,
इसलिए करते शोर हर पल।
लेकिन हाँ लेकिन,
इतनी भी ये class बेकार नहीं,
मेरे लिए बन गई ये Special बड़ी।
अब सुनो एक बात मेरी,
Class है ये talent से भरी।

Talent जी हाँ Talent,
Talent का ये है ख़ज़ाना,
फ़िर भी सबको इन्हें है सताना ।
बस काबिलियत पहचानो अपनी,
Energy न ऐसे बर्बाद करो अपनी ।
तुम अच्छे सच्चे - बच्चे हो,
हरकत बस बिन सोचे करते हो।
तुम सब हमारी शान हो,
School की पहचान हो।
जाते - जाते ध्यान ये रखना,
मेहनत से कभी न डरना।
सबका करो हमेशा सम्मान,
और बनो school की शान ।

14. संघर्ष ही सफलता

दिल में उमंग है जीने की,

नया मुकाम छूने की ।

ज़िंदगी अपने ढंग से जीने की,

बिछड़े दोस्तों से मिलने की ।

है एहसान ज़िंदगी का,

जिसने दिया मौका,

संघर्ष करते रहने का ।

ज़िंदगी का सफ़र है बड़ा सुहाना,गम को सदा ही छुपाते जाना ।

दिल में सदा अरमान जागते जाना,

और संघर्ष ही है जीत का खजाना ।

संघर्ष के साथ अगर मिल जाए दृढ़ता,

तो हमने पा ली मानो बड़ी सफलता ।

संघर्ष ही जिंदगी है,

जिंदगी ही संघर्ष है,

यह बात जिसने मानी है,

दुनिया मुट्ठी में,उसने कर डाली है।

बिजली कड़कने से जो डरते नहीं,

लंबी रहा कि जो सोचते नहीं,

हार से जो निराश होते नहीं,

नियति के सामने झुकते नहीं,

लहरों से जो घबराते नहीं,
ठोकर खाने पर जो रुकते नहीं,
मौत से जो डरते नहीं,
अंधेरों में जो छुपते नहीं,
इस तरह के इंसान
अभी भी रहते हैं यही,
पर ऐसी भावना
छुप गई है कहीं ।

15. बने रहो पगला, काम करे अगला

ऑफिस हो या हो घर का मेला,
हर जगह मिले एक प्राणी अलबेला,
न कोई डर और ना कोई काम,
बस करते दिन भर ये आराम।
फाइल देखे तो आंखें चुराएं,
कुर्सी पे बैठ टाँगे हिलाएं।
मिल जाए काम तो गुम हो जाएं,
बहानों की गाड़ी तुरंत दौड़ाएं।
बॉस का डंडा जब शोर मचाता,
काम का बोझ तब इन पर आता।
"आइडिया आया!" कहकर मुस्काएं,
काम दूसरों की झोली में जाए।
एक ही ट्रिक, बार-बार चलाएं,
आराम से बैठे, चाय उड़ाएं।
सुनलों इनका हिट फॉर्मूला ,
है एक ही मंत्र, एक ही कला —
**"बने रहो पगला,
काम करे अगला!"**

बॉस भी अब समझ गया ये खेल,
इनके इस मंत्र का न कोई मेल।
फिर भी किस्मत इनकी सबसे हिट,
काम कम, और ज़्यादा क्रेडिट,
पर सोचो ज़रा, क्या होगा हाल,
अगर सब करें यही कमाल?
तो हँसो जरूर, पर बात भी समझो,
हर मज़ाक में एक सीख को पकड़ो।
आराम के साथ काम भी ज़रूरी,
वरना ये ज़िंदगी लगेगी अधूरी।
चलो ! सीख लें, फ़िर एक नई कला —
मस्ती रहे... पर काम करे भी 'पगला'!

16. घोड़ा गाड़ी और ग़म

आँखों में थी नमी उसके,
होठों पर थी बंदिश उसके,
गुमसुम था वे बैठा,
होश में रहकर भी,
बेहोश - सा था बैठा।
हवा रही थी चल,
चांदनी रात का था पल।
उसने नजरें चारों ओर दौड़ाई,
पर उसे,
वीरान सड़क ही नज़र आई।
चुप कुछ देर वह बैठा,
फिर एक बात बड़बड़ाई,
कि ....
मेरा मर गया है बेटा।
वह ढूंढ रहा था उस पथ को,
जिसमें दुख का सैलाब, उसका फूटे,
मुरझा गया था वह पौधा,
सींचा करता था वह जिसको।
एक बाबू देख अपनी तरफ आते,
नज़रों में चमक उसके आई,

सोचा, अब करुंगा कुछ बातें,
बाबू ने क्रोध से आंखें गड़ाई,
कहा -
देर हो रही मुझको,
जल्दी ले चल मुझको,
चार आने दूंगा,
समय तेरा ना लूंगा ।
कुछ देर उसने सोचा,
वक्त नहीं इनके पास,
नहीं सुनेगा मेरी बात,
तांगे पर होकर सवार,
बोला -
पहुँचता हूँ तुम्हें उसे पार।
रास्ते में वह फिर बड़बड़ाया,
"मेरा मर गया है बेटा"
पर बाबू ने दिलचस्पी न दिखाई,
'जल्दी चलो' से आगे बात बढ़ाई।
मंजिल पर जा पहुँचा,
कुछ देर बैठ रोया,
बोला -
मैंने बेटा अपना खोया।

तीन पथिक को देख आते,
सोचा करूंगा अपनी बातें,
कुछ देर चुप्पी साधी,
फिर उनकी बात काटी,
कही अपनी बात आधी,

कि...
क्यों छोड़ हमको वह जाते,
शिद्दत से जिनको हम चाहते।
फिर....
किसी ने आवाज़ मारी,
एक दिन दूर सब हैं जाते,
तू चला अपनी घोड़ा गाड़ी ।
अब फिर से..
दिल था उसका टूटा,
बस एक शब्द फूटा,
कि...
मेरा मर गया है बेटा ।

रात जब घोर हो आई,
बात किसी को न बताई।
दुख का सैलाब फिर फूटा,
आँसू बनकर था वह टूटा ।
मन में उसके चुभन थी,
दिल में यह बात बंद थी।
कंधों पर जिसको था घुमाया,
उन्हीं कंधों ने,
उसकी अर्थी को था उठाया ।

घोड़े के पास अपने बड़बड़ाया,
अपना दुखड़ा उसको सुनाया ।
रूठ गया है मुझे मेरा बेटा,
झूठ कहती है उसकी अम्मा,

कि ...
मर गया है मेरा बेटा।

17. Reel वाली Vibe

रील बनाओ भई रील बनाओ,
रील बनाओ भई रील बनाओ,
हो जब बर्थडे,
रील बनाओ,
हो जब sad,
रील बनाओ,
मचे हल्ला,
रील बनाओ,
चले बल्ला,
रील बनाओ,
रील बनाओ भई रील बनाओ
रील बनाओ भई रील बनाओ।
हो जब शादी,
रील बनाओ,
किसी की बर्बादी,
रील बनाओ,
हो जब रगड़ा,
रील बनाओ,
किसी का झगड़ा,
रील बनाओ,

रील बनाओ भई रील बनाओ,
रील बनाओ भई रील बनाओ।
जाओ shopping,
रील बनाओ,
करो chopping,
रील बनाओ,
गाना गाओ,
रील बनाओ,
खाना खाओ,
रील बनाओ,
रील बनाओ भई रील बनाओ,
रील बनाओ भई रील बनाओ।

समझो, लेकिन..
तुम एक बात,
आहत न करना,
किसी के जज़्बात,
न हो दुर्घटना,
रखना ध्यान ।
ज़ोश हो,
जज़्बात हो,
और
पूरी तुम्हारी बात हो ।
रील बनाओ,
पर...
दिल ना दुखाओ।
रील में हो थोड़ा control,

न तुम करो किसी को troll,
चलो करें रीलिंग,
प्यार के साथ,
जहाँ जुड़े फीलिंग,
हर किसी के साथ।

18. कैसा ज़माना?

देखो आया है कैसा ज़माना,
सबका नारा है धन कमाना।
भ्रष्टाचार का हुआ बोल बाला,
भाई ने भाई को है मार डाला।
पैसों की सब जपते माला,
सच बोलने के लिए,
सबके लग जाता ताला।
सफ़ेद कपड़े पहन नेता,
वोट माँगने हैं खड़े।
कुर्सी के लिए तो वे,
आपस में भी हैं लड़े।
वादे करने का निराला है अंदाज़,
पहनना चाहते ये सिर्फ़, सत्ता का ताज।
भ्रष्ट नेता ऊँचे पदों पर हैं मिले,
और युवा ग़लत राह पर हैं चलें।जुर्म से लड़ने वाले भी,
जुर्म की कतार में हैं खड़े।सालों-साल वाले केस भी,
बंद फ़ाइलों में हैं पड़े।
ज़हर देकर मारने का ये चलन कैसा है चला,
क्यों हर कोई सीखना चाहे जुर्म की ये कला। माँ-बाप, भाई-बहन,
सबको है भूला दिया,

और जुर्म की गली जा, जुर्म से हाथ है मिला लियानारी को समझा जा रहा,
कमज़ोर आज भी ।
हर मोड़ पर बढ़ता जा रहा,
अत्याचार आज भी।
सड़कों पे मंडराता,
डर का ये साया,
नारी की ये पीड़ा,
कोई समझ न पाया।
बढ़ते अपराध की ये कैसी कहानी,
इंसानियत जैसे हो रही है पुरानी।
न्याय की आस में सूनी हैं आँखें,
हक़ की राह में टूटी हैं साँसें।
बदलनी होगी सोच,
जगाना होगा ज़मीर,
तभी बनेगा समाज,
सच्चा, सुरक्षित और नज़ीर।

।

19. मैं साथी नहीं, दुश्मन हूँ!

विद्यार्थी:

हे नशा! तू इतना बदनाम क्यों है,
फिर भी व्यापार तेरा आम क्यों है?
सुना है, मज़ा तू देता है भरपूर ,
हर युवा में भी, तू है मशहूर।

नशा:

सही कहा,
मज़ा तो मेरे साथ भरपूर है,
चेहरे पर भी लगता एक नूर है,
लेकिन ...
रहो तुम मुझसे थोड़ा दूर,
वरना सपना तुम्हारा होगा चूर।

विद्यार्थी:

कैसी ये बात कही तुमने,
नहीं होंगे चूर मेरे सपने।
मेरे दोस्तों का भी तो, तू देता साथ,
तो क्यों कहीं मुझसे, ये negative बात?

नशा:

तुम्हारे दोस्तों को भी किया था मना,
मेरी चेतावनी को उन्होंने किया अनसुना।

"बस एक बार करेंगे experience,"
इस बात से भी ना हुआ मैं influence
तब भी मैंने था उनको बेहद समझाया,
Experience को लत बनने से न रोक पाया।

विद्यार्थी:

अरे!ऐसा किया ही क्यों तुमने?
तुम्हें पसंद किया जबकि उन सबने।
अपना कीमती वक्त उन्होंने दिया,
फ़िर क्यों उन्हें मना था किया।

नशा:

शुरू में तो बेहद मज़ा तुझे आएगा
सबके समझाने पर भी तू नहीं समझ पाएगा।
Teacher और Parents, लगेंगे बुरे,
उनकी नसीहत को भी तू करेगा परे।
तुझे समझनी होगी मेरी ये बात,
मुझे तेरा छोड़ना होगा ये साथ।
ये लत कोई मज़ा नहीं है,
जंजाल के इससे कोई छूटा नहीं है।
मुझे अगर जो तू अपनाएगा,
ख़ुद से ही दूर हो जाएगा ।
शरीर तेरा फ़िर देगा न साथ,
आएगी तन्हाई, न रहेगा कोई साथ।
घर तेरा टूट जाएगा,
पढ़ाई का साथ छूट जाएगा।
लक्ष्य तेरा बिखर जाएगा,
जो तू बन सकता था,
वो न बन पाएगा।

Self confidence भी डगमगाएगा,
जीवन तेरा अंधेरे में कहीं खो जाएगा।
विद्यार्थी:
तुमने तो मुझको डरा दिया,
अपने असली रूप से मिला दिया।
अब मैं ठान चुका हूँ एक बात,
कभी नहीं दूँगा तेरा साथ।
नशा:
अगर ऐसा संकल्प तू कर पाए,
तो सफलता के मार्ग पर बढ़ जाए।
मुझे छोड़, ज्ञान का दीप जलाना,
हर युवा को भी यही राह दिखाना।
विद्यार्थी:
अब मैं बनूंगा उम्मीद की मिसाल,
करूँगा सबको नशामुक्त का लाल।
ज्ञान, सेवा और संस्कार होंगे मेरी ढाल,
युवाशक्ति से मिटाऊँगा, हर नशे का जाल।

20. यादों के पन्ने

बैठी थी कुछ देर अकेले,
यादों के दरवाजों को खोले ।
सोचा समेट लूं, कुछ यादों को,
और जोड़ लूं, टूटे धागों को ।
कुछ यादें थी मीठी - सी,
बारिश में जैसे भीगी - सी,
बचपन भी ज़िंदा हो गया,
फिर से मन को मोह गया।
कुछ यादों में गम का साया था,
ख़ुद को तब अकेले पाया था।
न टूटे हम तब भी थे,
न चुप हम रोकर बैठे थे ।
हर मोड़ पर एक कहानी थी,
कभी ख़ुशी तो कभी परेशानी थी।
वो बचपन की गलियाँ हमें बुलाती हैं,
नानी की बातें सुकून बड़ा दिलाती हैं।
वक़्त भले ही आगे बढ़ गया,
पर दिल पीछे ही ठहर गया।
चलो! फिर से, उन गलियों में चलें,
जहाँ सिर्फ़ सच्चे एहसास थे पलें।

जहाँ न शिकवे थे,न थी दूरी,
बस रिश्तों से प्यास होती पूरी।
चलो ! फिर से वो किस्से बुनें,
जो सिर्फ़ सादगी को ही चुनें।
वो पलटे बीते पन्ने जब,
ख़ुद को सुलझा पाया अब ।
ज़िंदगी दिल से बस जीते रहेंगे,
पन्ने यादों के और जुड़ते रहेंगे।

21. PTM-किरदारों का त्योहार

हर स्कूल में आता है ये त्योहार,
टीचर, पेरेंट्स और बच्चा – तीनों तैयार!

टीचर

थी टीचर तैयार,
लेकर अपने विचार,
साड़ी को लपेटे,
कागज़ पत्री समेटे।
बैठी सबके इंतजार में,
Complaints थी दिमाग में,
सुझावों को लेकर साथ में,
Appreciation भी हो बात में ।
पेरेंट्स की भी सुननी थी,
कुछ मीठी, तो कुछ कड़वी थी।
और इन सब से ही तो है,
इस त्योहार की पहचान।

पेरेंट्स

पूरी तैयारी से वे भी आए,
Expectations को साथ लाए।
सुनना चाहते थे मैडम की बात,
साथ में बयां करना अपने जज़बात।

शुरू किया सांझा करना सबने अपनी पीड़ा,
कहा-खाता जा रहा इन्हें social media का कीड़ा ।
खाना, पीना और मोबाइल, ये हैं इनकी lifeline,
पढ़ने का न आए ख़्याल, कैसे पकड़ेंगे ये सही line.
उनकी ये चिंता जायज़ थी,
बच्चों में बसती उनकी जान थी।
इस त्योहार का एक रंग ये भी है,
चिंता में दिखता, अनोखा प्रेम भी है।

बच्चा

बैठा था वो मन में उत्साह लिए,
घबराहट को थोड़ा side किए।
सोचा, टीचर क्या खोलेंगी राज़?
पेरेंट्स को पता चलेगा सब आज ।
पर दिल में थी उम्मीद की किरण,
शायद मिलेगी तारीफ की शरण।
जब टीचर ने मुस्कुरा के प्रशंसा की,
तब हुई realization अपनी भूल की।
पेरेंट्स की आँखों में चमक आई,
सबके चेहरे पर फ़िर मुस्कान छाई।
यह मुस्कान ही तो है,
इस त्योहार की जान।

**यूँ ही मिलते हैं ये किरदार,
इस त्योहार में बार- बार।
सीखने ज़रूरी एक बात,
चलें शिक्षा की डगर सब साथ।**

www.ingramcontent.com/pod-product-compliance
Lightning Source LLC
LaVergne TN
LVHW050938200726
843508LV00011B/2377